AF586375

# ORDRES
## A OBSERVER POVR empeſcher que la Maladie contagieuſe ne ſe communique hors les lieux infectez.

*Avec les remedes contre la Peſte, quand on en eſt attaqué, & la maniere de faire les parfums.*

A PARIS,
Par FREDERIC LEONARD, Imprimeur ordin. du Roy, ruë S. Iacques, à l'Ecu de Venise.
M. DC. LXVIII.

# ORDRES A OBSERVER pour empescher que la Peste ne se communique hors les lieux infectez: Avec les remedes contre la Peste, quand on en est attaqué, & la maniere de faire les parfums.

POUR empécher que le mal ne sorte de la Ville ou Village infecté, il faut establir aux extremitez des terroirs infectez une espece de blocus, en sorte que personne n'en puisse sortir, & pour cet effet, il y aura bonne garde par toutes les avenuës & grands chemins.

On fera faire un cry portant deffences de sortir du lieu infecté, dans ledit lieu, & par tout où il sera necessaire, à peine de la vie.

Si quelqu'un veut sortir il fera quarantaine à l'extremité du terroir le plus proche de la ville infectée, & avant que de la faire il se fera parfumer luy & ses habits, de mesme maniere que ceux qui sortiront des logis pestiferez ou soupçonnez, pour faire quarantaine.

On empeschera aussi qu'il ne sorte aucune marchandise de ladite Ville infectée, soit par eau, ou par terre.

Il sera tres à propos d'establir une garde à cheval de Cavaliers ou Archers en égale distance, qui comprenne tout le tour de la Ville, & que ceux qui en auront le commandement prennent garde si les Habitans de chaque Village voisin & limitrophe, feront leur devoir & bonne garde, comme pareillement les Habitans des lieux moins proches, & ainsi jusques à huict ou dix lieuës à la ronde. Pour cet effet, dans chaque Ville ou Village il sera estably un Conseil de santé, de mesme maniere qu'il sera dit cy apres: Les Magistrats des Villes voisines en establiront un pareillement, & verront que ceux de la campagne fassent leur devoir, dequoy ils donneront advis à Monsieur le Procureur general, pour y estre pourveu par la Cour, en cas de besoin, & cependant useront de grande severité contre ceux qui ne feront pas leur devoir: Que si quelqu'un sort du lieu infecté sans avoir fait quarantaine, de laquelle il aura bon certificat, il sera puny d'amande, ou autre peine selon l'exigence des cas, avec severité.

Il faut de necessité absoluë dans tous les lieux voisins, à dix lieuës à la ronde, establir un bon ordre, & faire visiter tous les malades, pour voir & connoistre quelle est leur maladie, & sur tout n'enterrer aucune personne qu'elle n'ait esté visitée par Medecins & Chirurgiens, en presence d'un des Officiers du Conseil de santé, lesquels feront apporter le corps devant la porte, par ceux du logis où il est mort, au dessous du vent, & le feront retourner à nud, pour le considerer & voir s'il a aucune marque de Pourpre ou Peste: s'il est jugé franc & exempt, on le fera enterrer à l'ordinaire, sinon par les Corbeaux, s'il y en a, ou par ceux dudit logis; Et s'il n'y a point d'autre maison infectée, ny Infirmerie, on fera parfumer ladite maison & ceux qui sont sains, pour aller faire quarantaine, & s'il y a quelque malade il sera sequestré & sollicité par un Chirurgien, ou telle autre personne qu'on pourra, dans une loge ou hutte separée.

Il sera fait deffence, sous griefve peine, mesme de la vie, de cacher & receler aucun malade dans tous lesdits lieux.

## *Quarantaine.*

LAdite quarantaine se fera par ceux qui sont soupçonnez, & sortent des lieux infectez, proche de la Ville ou Village voisin ge voisin, ou à l'extremité du Village infecté, avec le consentement des Officiers du Conseil de santé, qui ordonnera une Garde ou Sentinelle aux dépens de ceux qui voudront faire quarantaine, pour voir s'il y a aucune communication avec des soupçonnez; Et sera observé de ne porter aucuns meubles de la Ville infectée, ains leur en sera donné des lieux non suspects, & des vivres aussi.

Les personnes qui feront quarantaine seront parfumez avant que de la faire, du premier parfum, & leur loge aussi; & seront tenus de se faire voir tous les jours à leur garde, & à celuy qui aura charge du Conseil de santé; que s'il survient quelque maladie, la visite en sera faite ainsi que dessus: quant aux Garde ou Sentinelle, il sera logé à cent pas de la Hutte de ceux qui feront quarantaine, sans qu'il puisse avoir aucune communication avec eux; s'il n'arrive aucuns accidens la liberté sera donnée d'aller où il leur plaira apres ladite quarantaine.

## *Billets.*

IL sera observé de donner des Billets à la distance de dix ou douze lieuës du lieu pestiferé, ou plus loin si le mal est grand.

Personne ne pourra passer ailleurs que par les grands chemins, & par les portes & grandes avenuës des Villes ou Villages. Pour cet effet on fera boucher & fermer tous les petits sentiers & petites avenuës, en laissant le moins qu'on pourra, qui seront gardées par ceux du lieu; & si quelqu'un est surpris allant par sentiers & à travers champ, il sera puny rigoureusement.

Lesdits Gardes ne donneront aucune liberté de passer, qu'à ceux qui auront un Billet ou Certificat du Conseil de santé, du lieu d'où ils seront partis, contenant le nom, la qualité & demeure de celuy qui prendra le Billet, la datte du jour de son départ, & l'estat de la santé de la Ville ou Village: s'il est exempt de Peste, sera mis en fin dudit Certificat, Que la santé y est bonne.

Celuy qui aura Billet prendra Certificat au bas, des lieux où il aura disné & couché, & faut qu'il en rapporte autant à son retour.

On pourra sçavoir des nouvelles du lieu pestiferé, par conferences qui se feront de quelques-uns qui sortiront de la Ville pestiferée, & en communiqueront à deux deputez du Conseil de santé de la Ville ou Village voisin, lesquels prendront le dessus du vent; que si la Ville pestiferée manque de vivres, on pourra luy en envoyer, & les poser à trois cens pas de la Ville, sans aucune communication; si on veut donner de l'argent, il sera jetté dans du vinaigre ou eauë boüillante.

## *Ordre à observer dans une Ville infectée.*

AVant toutes choses il faut establir un Conseil de santé, qui soit composé du Lieutenant general, Prevost en garde, Gens du Roy, Maire, Eschevins, & notables Habitans; sauf & sans prejudice aux droits de chaque Officier, & autres choses, lequel Conseil aura l'ordonnance & l'execution de la Police concernant la santé, à laquelle il commettra ceux qu'il jugera à propos.

Tout ce qui sera ordonné par ce Conseil, touchant la Police, & en cas de besoin pour la levée des deniers necessaires aux gages des Medecins, Chirurgiens, & autres Officiers de l'Infirmerie, & pour la nourriture & medicamens des malades, sera executé par provision, nonobstant & sans prejudice à l'appel; sauf à rendre compte audit Conseil de santé, & ce mesme pour les amendes & peines afflictives, excepté de la mort, parce qu'il faut une grande severité pour empescher toute communication de la Peste, & sur tout faut avoir main-forte de Gardes, Huissiers, ou Soldats, pour faire obeïr ledit Conseil de santé, faire faire garde iour & nuict, & patroüille, pour empécher les vols & pilleries.

Il faut diviser la Ville par quartiers, selon sa grandeur, & que le Capitaine de quartier frappe tous les matins à chaque porte de maison de son quartier, pour voir s'il y a aucun malade ou mort, lequel auſſi-toſt ſera viſité par les Medecins, Chirurgiens, & autres prepoſez à ladite viſite, y appellant en cas de difficulté, le Chirurgien de l'infirmerie, en preſence d'un Eſchevin, ou autre du Conſeil, obſervant les precautions neceſſaires à ladite Viſite, ainſi qu'il a eſté dit cy-devant; & ſera fait deffenſes de receller & cacher aucuns malades, à peine de la vie, & chaque Capitaine fera un eſtat de ceux qui ſont dans chaque maiſon, leſquels il verra tous les iours de chaque ſemaine.

Les Medecins, Apothiquaires & Chirurgiens ne pourront aller voir aucun malade, s'il n'a eſté viſité; & ſi par hazard quelqu'un d'eux trouve un malade frappé de Peſte, il en fera ſon rapport au Conſeil de ſanté, à peine de groſſe amende, ou de telle punition que de raiſon, ſelon le cas, & en ſuite il ſe fera parfumer du premier parfum, & fera retraite de vingt iours ou plus, ainſi qu'il ſera ordonné par le Conſeil de ſanté: ſi le malade eſt exempt de Peſte, il ſera penſé & medicamenté à l'ordinaire.

Il y aura un Bureau auquel s'aſſembleront tous les iours une fois ou deux les Officiers dudit Conſeil: Que ſi la ville eſt trop infectée, ledit Conſeil s'aſſemblera ſur la place, afin d'éviter tous accidens, & chaque Capitaine de quartier fera tous les iours rapport des malades de ſon quartier.

Faut deffendre toutes Aſſemblées, Proceſſions, Offrandes, Eſcoles publiques, Audiences, parfumer les Egliſes, & en cas de grande infection, dire la Meſſe dans une grande place à l'air, & faire en ſorte, que chaque famille ſoit ſeparée. Il eſt certain que pour empeſcher le progrés de la Peſte, il faut empécher toute communication le plus qu'on pourra, & tenir les marchez hors la Ville, en ſorte que ceux qui y apporteront des vivres, n'ayent aucunes communications avec les Habitans du lieu infecté. On ne fera aucune aſperſion d'eau benite, & on n'en laiſſera point dans les Egliſes.

Il faut auſſi deffendre la nourriture des lapins, pigeons, cochons & poulles: faire tuër les chiens & les chats; & dans la grande ſeichereſſe ordonner à chacun de faire jetter de l'eau devant sa porte sur le pavé.

Si la Peste est dans une grande partie des maisons, il faudra faire un parfum general du premier parfum ; sçavoir, dans celles des riches & aisez à leurs despens, & dans celles des pauvres aux despens de la bourse commune, en mesme temps, afin que la fumée purge la malignité de l'air; Il faudra aussi deffendre toute vente de meubles, soit par Iustice ou de gré à gré, particulierement des licts.

Il faudra avoir une Infirmerie, & lieu pour y mettre les malades de Peste, & un lieu voisin pour les Convalescens dans une extremité de la Ville, ou aux fauxbourgs dans un lieu fermé, s'il se peut, où il y ait de l'eau attenant, pour y blanchir le linge, & poser garde au dedans, pour empécher les frenetiques d'en sortir, & au dehors une barriere, & proche d'icelle une bonne garde, qui ait pouvoir de tirer sur ceux qui voudront sortir sans le congé du Conseil de santé.

Il faut aussi un lieu ou place pour mettre les Huttes, Loges & Tentes de ceux qui feront quarantaine, soit convalescens ou soupçonnez; c'est à dire, qui auront communiqué, ou seront sortis des maisons infectées.

Quand on découurira une maison infectée, faut faire porter à l'Infirmerie le malade ou les malades, par les Corbeaux, & leurs licts & ustancilles necessaires par le chariot ou charette de santé, dont sera tenu memoire, pour estre lesdits meubles rendus apres la cessation de la maladie contagieuse : Et pour ceux qui seront sains, apres qu'on aura parfumé la maison, eux & leurs hardes qu'ils emporteront, ils seront menez & conduits aux Loges & Huttes où ils feront la quarantaine, sans qu'aucun d'eux puisse communiquer avec les autres estans és Huttes, qui feront aussi quarantaine: On mettra des Gardes & Sentinelles en bonne distance, pour observer ce que feront ceux qui feront quarantaine : Bien entendu, que si un qui est en quarantaine ose frequenter dans une autre Hutte que la sienne, en ce cas la quarantaine ne commencera que du jour que leur frequentation cessera ; Comme aussi si quelqu'un est frappé de Peste dans l'une desdites Loges ou ges ou Huttes : les sains iront dans une autre Hutte, apres qu'ils auront esté parfumez, & leur quarantaine ne commencera que dudit jour, & apres les quarante jours, s'il n'arrive aucun accident, lesdits soupçonnez seront libres de retourner en leurs maisons, & huict jours apres de frequenter les sains à l'ordinaire.

Ceux qui feront quarantaine se montreront chaque jour à celuy qui les gardera ou à la Sentinelle, & s'il y a des malades ils seront obligez, à peine de la vie, de le declarer à celuy qui sera ordonné du Conseil de santé.

Dans ladite Infirmerie il y aura deux ou trois Confesseurs, selon le nombre des malades; un Medecin, Chirurgien, ou autre Officier qui en aura le commandement absolu, & sous luy des Corbeaux, & autres Officiers, ausquels le Conseil de santé ordonnera des gages suffisans; prenant garde de prendre, si on peut, des gens qui ont esté déja malades & gueris de la Peste, parce qu'ils en sont rarement susceptibles, la communauté sera obligée d'en acquiter le Conseil de santé : Il faudra faire deffence audit Medecin, Chirurgien, & autres Officiers de prendre aucun salaire des riches ou pauvres, hors leurs gages, pour empécher toute fourberie de leur part.

Il faut empescher les pauvres de mendier, & les nourrir aux despens de la Ville de pain & viande, comme les malades de Peste, qui n'en auront pas le moyen; quant aux riches ils seront nourris & medicamentez à leurs despens, mesmes s'ils veulent dans une chambre à part : Pour cet effet, il y aura une salle ou deux pour les pauvres, & des chambres pour les Officiers & malades, riches & aisez, dans ladite Infirmerie, & que les Corbeaux laissent les hardes qu'ils auront en un lieu duquel ils les retireront à la fin de la maladie, apres qu'ils auront esté parfumez tres-fortement de triple dose.

Il faudra aussi avoir un lieu sans cheminée, voûté, s'il se peut, pour y parfumer les Convalescens & Soupçonnez, & que ce lieu soit bien fermé & clos qu'il n'y sorte aucun air, & qu'il soit separé de toutes parts.

## *La Serrade.*

LA Serrade ne se fait gueres que quand le mal est general, & non connu ; il faut empécher toute communication durant quarante jours, & avant cela faire parfumer toutes les maisons du premier parfum.

Faut que le Capitaine de chaque quartier prenne un estat de tous ceux qui sont dans un logis, afin qu'il les voye tous les jours durant la quarantaine, & sçache par ce moyen s'il y aura des malades; en cas qu'il y en ait, il faudra les visiter & fournir des vivres à ceux qui en auront besoin.

## *Parfum.*

IL y a deux sortes de parfum; le premier, preservatif pour ceux qui ne sont pas soupçonnez ; l'autre, pour les maisons & personnes infectées, dont il sera parlé enfin de ce memoire, & du moyen de s'en servir.

Il ne faut pas que les Parfumeurs soient dans l'Infirmerie; mais dans une maison voisine de la Ville, ou separée des autres de ladite Ville, d'où on les fait venir quand on veut; & sur tout il faut choisir des gens de bien autant qu'on peut, & qu'à chaque maison qu'ils parfument ils se parfument eux-mesmes, pour empescher les accidens, s'il est possible.

Pour bien parfumer & avec seureté, aussi-tost qu'on descouvre un accés de Peste dans une maison, s'il n'y a point d'autre mal dans la Ville, on envoye le malade avec un Chirurgien, ou autre qui en prend soin, dans une Loge pour le penser hors la Ville, & ceux qui sont sains, aydent, ou quelqu'un d'eux aux Parfumeurs & Aërieurs, à parfumer la maison, afin qu'ils n'y prennent rien.

Il faut nettoyer d'abord toutes les ordures dans chaque chambre, & les brusler avec la paille des licts dans la cheminée, sinon dans la ruë, puis suspendre dans la chambre du pestiferé toutes les hardes qui y sont, sur des cordages ou bâtons & perches, en faire autant depuis la cave jusques au grenier, bouchant tous les trous, fenestres & fentes, par où la fumée peut passer; mesme les cheminées, en cloüant des draps, linges, couvertes ou tapis au tour, en sorte que l'air, ny fumée n'en puissent sortir.

Le tout ainsi disposé, les coffres ouverts, dans lesquels il n'y sera rien resté, le Parfumeur ou Aërieur met le feu au parfum du grenier, ferme la porte, & ainsi descendant de chambre en chambre met le feu au parfum de chacune, observant d'en mettre double dose dans celle du pestiferé, voire le triple, selon les hardes qui y sont, ou sa grandeur: ayant enfin mis le feu au parfum de la cave, il se retire durant deux heures, apres lesquels ledit Parfumeur & ceux qui sont soupçonnez rentrent dans une des chambres, & allument encor du parfum, apres y avoir suspendu leurs hardes, chemises, calleçons, & linge blanc, puis y entrent trois ou quatre fois en chemises & calleçons, y demeurant autant qu'ils peuvent, & la fumée finie, reprennent & vestent leurs chemises, calleçons, linge blanc & habits parfumez, & en suite vont faire leur quarantaine: Si durant les neuf premiers jours il ne leur arrive aucun mal, d'ordinaire ils en sont exempts, pourveu qu'ils s'abstiennent de frequenrer d'autres soupçonnez: par ce moyen les Aërieurs & Parfumeurs ne peuvent voller, ny prendre aucune chose; s'ils sont convaincus de larcin, il faut les punir tres rigoureusement.

Quant aux meubles precieux, comme tableaux, or, argent, dentelle, miroirs, il faut les couvrir de linge ou autre chose, pour empescher que le parfum ne les gaste, ce qu'il fait en tombant.

Pour user & brusler le parfum, faut prendre quatre livres de foin sec, pour deux livres de parfum, & ainsi à proportion, & le mettre dessous & le parfum dessus, puis imbiber le tout d'eau de vie par dessus & vinaigre; sçavoir, une pinte d'eau de vie, mesure de Paris, & autant de vinaigre, pour deux livres & demie de parfum, qui suffisent dans une chambre de vingt pieds en quarré: Faut mesler l'eau de vie & vinaigre enſemble,& y mettre un peu de poudre à canon, pour empeſcher que les Parfumeurs ne boivent l'eau de vie.

Lors qu'une chambre eſt pavée de planches ſeulement, faut chercher de la terre à potier, ou autre terre propre, en faire un rond & y bruſler le parfum deſſus, mettant toûjours ladite terre & le parfum au milieu de la chambre.

---

## PREMIER PARFVM, propre à parfumer les maiſons peſtiferées, & les perſonnes ſoupçonnées.

*Parfum dont s'eſt ſeruy le Sieur de la Cointe, qui eſt le plus ſeur & le meilleur.*

Deux livres de ſouffre.
Deux livres d'Allun.
Deux livres d'encens.
Quatre livres de poix rezine.
Deux livres de poudre à canon.
Douze onces d'antimoine.
Quatre onces de ſublimé.
Douze onces d'arſenic.
Quatre onces d'orpiment.
Quatre onces de ſinabre.
Deux livres de graine de genevre, ou de lierre, ou de laurier.

Le tout mis en poudre, meſlé, & le plus battu qu'on pourra, paſſé par le tamis, à la reſerve de la poudre à canon, qui eſt miſe comme elle eſt, & la graine de genevre, à cauſe qu'elle eſt malaiſée à mettre en poudre, faut la mettre ſur le foin & l'imbiber comme il a eſté dit; s'il n'y a point d'encens, faudra doubler la poix rezine, & augmenter ou doubler l'antimoine.

Parfum

*Parfum du Pere Leon, pour parfumer les maisons pestiferées & personnes soupçonnées, qui est du premier Parfum.*

CInquante livres de poix-rezine.
Quarante livres de souffre.
Six livres d'antimoine.
Vne livre & demie de camfre.
Pour plus grande seureté mettre une livre & demie d'arsenic.

Le tout mis en poudre, ladite quantité à proportion, se brusle sur le foin, & s'imbibe d'eau de vie & vinaigre, comme dessus: On en prend quatre livres dans une chambre de vingt pieds en quarré.

*Parfum preservatif pour s'en servir dans les maisons particulieres, non soupçonnées, deux fois la semaine, & s'y faire parfumer dans une chambre, avec tous les domestiques, les soirs ou les matins: C'est assez pour une fois du tiers de la composition cy-dessous, suivant le mal & l'infection.*

VNe once de benjoin.
Vne once de storax.
Deux livres de graine de genevre ou de lierre.
Vne livre de graine de laurier.
Clou de girofles, racine de cyprés, calamus aromatique, & gingembre, de chacun une demie once.
Trois onces & demie de salpestre.

Le tout pulverisé & mis en poudre, le brusler sur du foin, & l'imbiber d'eauë de vie & vinaigre, comme dessus.

### *Parfum pour aërier les habits, perruques, chemises, & linges, en temps de Peste, & les chambres mesme, les Valets & Servantes, & soy-mesme, autant qu'on le peut souffrir.*

ON le met en petites boulles de deux onces chacunes toutes rondes; on fait faire des moulles de bois exprés, elles se seichent, & sont portatives ainsi que des savonnettes; quand on va par les champs, on peut en faire brusler dans la chambre où on couche,& parfumer les habits ou linges dans un cabinet, suspendant les habits & linges.

Quatre livres de poix-resine.
Six livres de souffre.
Six livres d'allun.
Six livres de salpestre.
Douze onces d'antimoine.
Quatre onces d'orpiment.
Huict livres de graine de genevre, ou lierre.
Quatre onces de sinabre.
Vne livre de benjoin.
Deux livres de storax.

Le tout bien pillé & meslé ensemble en poudre, l'imbiber de six pintes d'eau de vie mesure de Paris, en faire comme une paste & en composer des boullettes, comme dessus.

Pour les pauvres ils peuvent brusler du genevre ou bois qu'on appelle Petereau en Champagne, pour parfumer leurs maisons, comme aussi du souffre & poudre à canon.

### *Remede contre la Peste, quand on en est attaqué.*

IL faut avoir un citron avec des clouds de girofles, & le mettre au nez, pour fortifier l'odorat durant une semaine.

www.ingramcontent.com/pod-product-compliance
Lightning Source LLC
LaVergne TN
LVHW052042160826
845678LV00003B/1485

* 9 7 8 2 3 2 9 6 1 9 1 8 7 *